Leserabe

1. Lesestufe

Anja Fröhlich

Weihnachtsgeschichten

Mit Bildern von
Marc-Alexander Schulze

Ravensburger

Bibliografische Information der Deutschen Nationalbibliothek:

Die Deutsche Nationalbibliothek verzeichnet diese Publikation
in der Deutschen Nationalbibliografie.
Detaillierte bibliografische Daten sind im Internet
über http://dnb.d-nb.de abrufbar.

FSC www.fsc.org
MIX
Papier | Fördert
gute Waldnutzung
FSC® C111262

2 4 6 5 3

Ravensburger Leserabe

Postfach 2460, 88194 Ravensburg
Umschlagbild: Marc-Alexander Schulze
Fachberatung: Dr. Birgitta Reddig-Korn
Textredaktion: Nina Schiefelbein
Produktion & Satz:
Weiß-Freiburg GmbH – Grafik & Buchgestaltung
Printed in Germany
ISBN 978-3-473-46141-7

ravensburger.com
www.leserabe.de

Inhalt

Wunschzettel für die Katze

Seit Wochen freuen sich
Pia, Lotta und Jan auf Weihnachten.
Ihre Wunschzettel sind
schon lange fertig.

Sie haben sogar
einen eigenen Wunschzettel
für Fräulein Flauschig geschrieben.
Bestimmt freut sich die Katze
über ein kleines Zelt für Tiere.

Doch an Heiligabend ist
Fräulein Flauschig plötzlich
spurlos verschwunden.
Den ganzen Tag über suchen
Pia, Lotta und Jan nach ihr.

Endlich soll Bescherung sein.
Papa geht noch kurz in den Keller
und holt das Glöckchen.

Als er wieder da ist,
flüstert er Mama etwas ins Ohr.
„Okay, ihr drei“, ruft Mama,
„geht noch mal in eure Zimmer!“

Als Pia, Lotta und Jan
eine halbe Stunde später
wieder ins Wohnzimmer kommen,
sind Weihnachtsbaum und Geschenke
nicht mehr da.

Dafür steht die Tür
zur Treppe in den Keller offen.
Die drei Kinder schleichen hinunter.
Dort steht der Weihnachtsbaum
mit allen Geschenken.

Die Kerzen leuchten
und ein Geschenk ist bereits
ausgepackt und aufgebaut:
das Zelt für Fräulein Flauschig.
„Ist sie wieder da?“, ruft Lotta.

„Pssst“, sagt Mama
und legt den Finger auf den Mund.
„Fräulein Flauschig hat
auch Geschenke für euch“,
flüstert Papa. „Für jeden eins.“

Pia, Lotta und Jan schauen
in das kleine Zelt hinein.
Darin liegen vier Katzen:
die große Fräulein Flauschig und
drei winzige Katzen-Babys.

Geschichte 1

„Fräulein Flauschig hatte sich hinter das Regal verkrochen und hat dort ihre Babys zur Welt gebracht“, erklärt Papa.
Gerade rechtzeitig zur Bescherung!

Weihnachten bei den Piraten

Goldzahn, Hinkefuß und
Haifisch-Lilly feiern
Weihnachten auf dem Meer.

Draußen peitscht der Schneesturm
gegen das schaukelnde Schiff.
Drinnen klimpern die bunten Kugeln
am Weihnachtsbaum.
Zum Abendessen gibt es Fisch.

„Der Weihnachtsmann war da“, ruft Haifisch-Lilly endlich und läutet die große Glocke am Mast.

Die Piraten packen nacheinander ihre Geschenke aus.

Goldzahn bekommt dieses Jahr
eine silberne Augenklappe und
Hinkefuß einen bunten Krückstock.

Trotzdem haben sie schlechte Laune.
„Zu Weihnachten gehört ein Haus
mit einem Kamin“, sagt Goldzahn.

Da packt Haifisch-Lilly
ihr Geschenk aus.
Es ist eine Schatzkarte.

„Na toll!“, brummt sie.
„Jetzt muss ich mir mein Geschenk
auch noch selber suchen.“

Die drei segeln zu der kleinen Insel,
die auf der Karte zu sehen ist.

Ganz oben auf dem höchsten Berg
steht ein kleines Haus.
Drinnen im Wohnzimmer
prasselt ein Feuer im Kamin.

„Was für ein tolles Geschenk!“,
ruft Haifisch-Lilly.
Die drei Piraten feiern
bis tief in die Nacht hinein.

Was sie nicht wissen:
Der kleine Felix aus diesem Haus
hat ebenfalls eine Schatzkarte
geschenkt bekommen.

Er ist mit seinen Eltern
an den Strand gegangen,
der auf der Karte zu sehen ist.

Dort haben sie
ein echtes Piratenschiff gefunden,
mit dem die drei nun die ganze Nacht
auf dem Meer herumsegeln.

Das ist das schönste Weihnachten,
das sie alle je hatten!

Die gebackenen Geschenke

Taner hat ganz tolle Geschenke
für seine Mama, seinen Papa und
seine kleine Schwester Mini.

Aber er findet kein Papier mehr
zum Einpacken.
Dabei sind es nur kleine Geschenke.

Für Papa hat Taner einen Fußball
als Schlüssel-Anhänger,
für Mini einen Schnuller
und für Mama ein winziges Fläschchen
mit Parfüm.

„Wer will mit mir backen?“,
ruft Papa aus der Küche.
Er hat schon den Teig fertig.

„Darf ich Bälle daraus backen?“, fragt Taner. „Richtige Fußbälle, die ich dann mit Zuckerguss schwarz-weiß anmale?“

Papa erlaubt es ihm.

Als die Kugeln aus dem Ofen kommen,
höhlt Taner sie heimlich aus.
Dann steckt er ein Geschenk hinein
und stopft das Loch wieder zu.

An Heiligabend werden
die Geschenke ausgepackt.
Taner überreicht Mama, Papa und Mini
die gebackenen Fußbälle.

„Danke“, sagen Mama und Papa und legen das Gebäck zur Seite.

Nur Mini freut sich richtig doll.
Sie knabbert direkt los und
hält plötzlich den Schnuller
in der Hand.

Da beißen auch Mama und Papa
vorsichtig in ihre Geschenke.
„Das ist ja mal eine Überraschung!“,
ruft Papa. „Ein Fußball im Fußball!“

Und Mama gibt Taner einen Kuss.
„Die tollsten Geschenke sind die,
mit denen man nicht gerechnet hat.“

Der Adventsmarkt

Lea und Leo sind Zwillinge.
In ihrer Schule gibt es
einen Adventsmarkt.

Die beiden verkaufen Sachen,
die sie selbst gebastelt haben.

Lea hat kleine Figuren
aus Holz geschnitzt und bemalt.
Leo hat leere Schulhefte
mit Fußball-Stickern beklebt.

An anderen Tischen werden
Waffeln oder Kakao angeboten.
Dort kaufen die Leute viel mehr
als bei Lea und Leo.

Leo sagt, nur die eigenen Eltern
finden gebastelte Geschenke gut.

Da kommt Leos Freund Matteo
bei den Zwillingen vorbei.
„Ich habe meinen ganzen Kuchen
schon verkauft“, sagt er.

Matteo schaut sich Leos Hefte an.
„Cool“, sagt er. „Die kaufe ich alle.
Ich habe so viel Geld
mit dem Kuchen verdient.“
Leo strahlt und die beiden Jungen
gehen zum Dosenwerfen.

Lea ist sauer. Jetzt hockt sie ganz allein am Stand.
Da kommt ihre Freundin Polly.
Sie fragt, ob Lea zum Puppentheater mitkommt.

Lea guckt auf ihre Kunstwerke und hat eine Idee. „Ich kaufe meine Figuren einfach selbst!“, ruft sie. „Zum Sonderpreis!“

„Tolle Idee“, findet Polly.
„Und wenn du später mal
eine berühmte Künstlerin wirst,
freust du dich
über die kleinen Schnitzereien,
mit denen alles begann.“

Leserabe

Leserätsel

Rätsel 1

Seltsam, seltsam

Welches Wort stimmt? Kreuze an!

Die Katze heißt Fräulein
- ○ Flockig.
- ○ Flauschig.
- ○ Flusig.

Die Piraten wollen ein Haus mit
- ○ Koch.
- ○ Katze.
- ○ Kamin.

Mini bekommt einen
- ○ Schnuller.
- ○ Schnupfen.
- ○ Schnabel.

Rätsel 2

Buchstaben heraushören

In welchen Wörtern hörst du den Buchstaben F? Kreuze an!

Ordne die Bilder den Sätzen zu!

Rätsel 3

A) Goldzahn bekommt eine Augenklappe.

B) Matteo kauft alle Hefte.

C) Im Zelt liegen vier Katzen.

1

2

3

Lösungen
Rätsel 1: Flauschig, Kamin, Schnuller, **Rätsel 2:** Fußball, Schiff, Fisch, **Rätsel 3:** 1B, 2A, 3C

Leserabe

Rabenpost

Rätsel 4

Rätsel für die Rabenpost

Fülle die Lücken aus. Trage die Buchstaben in die richtigen Kästchen ein. So findest du das Lösungswort für die Rabenpost heraus!

Papa holt aus dem Keller das

G		Ö		8	C	H	6	

. (Seite 9)

Die Piraten segeln zu einer

I	7		2	

. (Seite 21)

Taner bemalt die Kugeln mit

Z		C	K	9		1		S	S

. (Seite 28)

Der Adventsmarkt findet in der

3	4	5	U		

statt. (Seite 34)

Lösungswort

1	2	3	4	5	6	7	8	9

Hast du das Lösungswort herausgefunden?
Dann kannst du jetzt tolle Preise gewinnen.

Gib das Lösungswort auf der Leserabe-Website
ein oder schick es mit der
Post an folgende Adresse:

An den Leseraben
Rabenpost
Postfach 2007
88190 Ravensburg
Deutschland

* Wir verwenden die Daten der Einsender nur für das Gewinnspiel und nicht für weitere Zwecke. Alle weiteren Informationen zum Datenschutz und über unser Gewinnspiel findet ihr unter **www.leserabe.de.**

Leserabe

Lesen lernen wie im Flug!

In drei Stufen vom Lesestarter zum Leseprofi

Vor-Lesestufe
Ab Vorschule

ISBN 978-3-473-46185-1

ISBN 978-3-473-46045-8

ISBN 978-3-473-46207-0

1. Lesestufe
Ab 1. Klasse

ISBN 978-3-473-46099-1

ISBN 978-3-473-46215-5

ISBN 978-3-473-46051-9

2. Lesestufe
Ab 2. Klasse

ISBN 978-3-473-46057-1

ISBN 978-3-473-46065-6

ISBN 978-3-473-46187-5

... und viele Bücher mehr!

ERZ 22 004